16. Kommet, ihr Hirten
15. Süßer die Glocken nie klingen
21. Wenn Weihnachten ist
13. Susani
19. Ihr Kinderlein kommet
18. Zu Bethlehem geboren
22. Schlaf wohl, du Himmelsknabe
TRÄUM SCHÖN
23. Stille Nacht
24. O du fröhliche
17. Gloria
20. Alle Jahre wieder
14. Auf dem Berge, da wehet der Wind

Am Weihnachtsbaume ...

Am Weihnachtsbaume ...

Musik von Nils Kacirek

Bilder von Franziska Biermann

Herausgegeben von Susanne Koppe

Bloomsbury

Kinderbücher & Jugendbücher

Wir danken dem Karl Heinrich Möseler Verlag für die freundlich erteilte
Abdruckgenehmigung von Lied 1 *Bald nun ist Weihnachtszeit*
von Karola Wilke (Text) und Wolfgang Stumme (Musik), © Möseler Verlag, Wolfenbüttel

5. Auflage 2011

Idee: Susanne Koppe (Hg.)
Konzept: Franziska Biermann, Nils Kacirek, Susanne Koppe
Illustration und Grafik: Franziska Biermann
Musikalische Bearbeitung und Produktion: Nils Kacirek
Bildbearbeitung: Sonnenfisch Production, Laura Bartels
Notensatz: Hermann Zanier
Gesetzt aus der Garamond Premier Pro
Druck und Bindung: TBB, Banská Bystrica
Printed in Slovakia 2011
ISBN 978-3-8270-5219-3
www. bloomsbury-verlag.de

B L O O M S B U R Y
LONDON • BERLIN • NEW YORK • SYDNEY

Inhalt

Klavier
1 2 3 4 5 6 7 8
9 10 11 12 13 14 15 16
17 18 19 20 21 22 23 24

1 Bald nun ist Weihnachtszeit

Horch nur, der Alte klopft
draußen ans Tor.
Mit seinem Schimmelchen
steht er davor.

Leg ich dem Schimmelchen
Heu vor das Haus,
packt gleich der Ruprecht
den großen Sack aus.

MILCH
Mehl
Klavier
LUFTPOST
PAR AVION
1 2 3 4 5 6 7 8
9 10 11 12 13 14 15 16
17 18 19 20 21 22 23 24

2 Vom Himmel hoch, da komm ich her

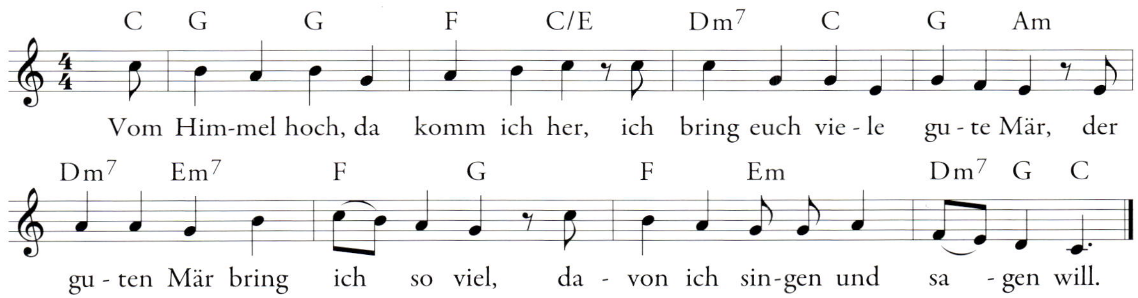

Euch ist ein Kindlein heut geborn
von einer Jungfrau auserkorn,
das Kindelein so zart und fein,
das soll eur Freud und Wonne sein.

Lob, Ehr sei Gott im höchsten Thron,
der uns schenkt seinen eignen Sohn.
Des freuen sich der Engel Schar
und singen uns Halleluja.

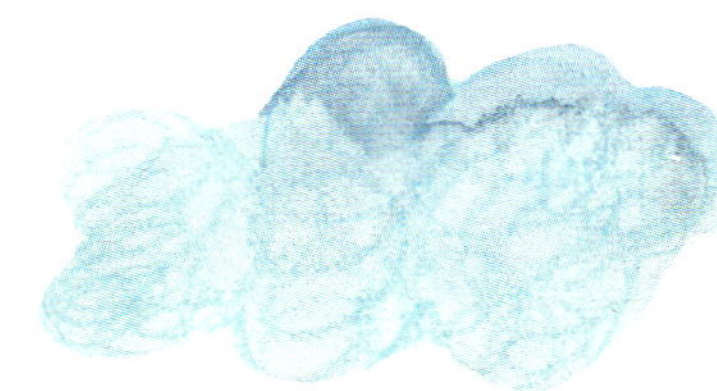

MILCH
Klavier
1 2 3 4 5 6 7 8
9 10 11 12 13 14 15 16
17 18 19 20 21 22 23 24

3 Fröhliche Weihnacht

Fröhliche Weihnacht überall ...
Licht auf dunklem Wege, unser Licht bist du,
denn du führst, die dir vertrau'n, ein zu sel'ger Ruh.

Fröhliche Weihnacht überall ...
Was wir andern taten, sei getan für dich,
dass bekennen jeder muss: Christkind kam für mich.

MILCH
1 2 3 4 5 6 7 8
9 10 11 12 13 14 15 16
17 18 19 20 21 22 23 24

4 Lasst uns froh und munter sein

Dann stell ich den Teller auf,
Niklaus legt gewiss was drauf.
Lustig, lustig, tralalalala!
Bald ist Nikolausabend da,
bald ist Nikolausabend da!

Wenn ich schlaf, dann träume ich,
jetzt bringt Nikolaus was für mich.
Lustig, lustig, tralalalala!
Bald ist Nikolausabend da,
bald ist Nikolausabend da!

Wenn ich aufgestanden bin,
lauf ich schnell zum Teller hin.
Lustig, lustig, tralalalala!
Bald ist Nikolausabend da,
bald ist Nikolausabend da!

MILCH
Klavier
WUNSCH ZETTEL
SCHUHBOX

5 Morgen, Kinder, wird's was geben

Wie wird dann die Stube glänzen
von der großen Lichterzahl!
Schöner als bei frohen Tänzen
ein geputzter Kronensaal!
Wisst ihr noch, wie vor'ges Jahr
es am Heil'gen Abend war?

Wisst ihr noch die Spiele, Bücher
und das schöne Schaukelpferd,
Schöne Kleider, wollne Tücher,
Puppenstube, Puppenherd?
Morgen strahlt der Kerzen Schein,
morgen werden wir uns freu'n.

MILCH
Klavier

6 Kling, Glöckchen, klingelingeling

Kling, Glöckchen, …
Mädchen hört und Buben,
macht mir auf die Stuben,
bring euch viele Gaben,
sollt euch dran erlaben.
Kling, Glöckchen, …

Kling, Glöckchen, …
Hell erglühn die Kerzen,
öffnet mir die Herzen,
will drin wohnen fröhlich,
frommes Kind, wie selig.
Kling, Glöckchen, …

SCHUHBOX

7 Schneeflöckchen, Weißröckchen

Komm setz dich ans Fenster,
du lieblicher Stern;
malst Blumen und Blätter,
wir haben dich gern.

Schneeflöckchen, Weißröckchen,
komm zu uns ins Tal,
dann baun wir den Schneemann
und werfen den Ball.

Boule de neige, jupette sage
quand viendras-tu du ciel?
Tu habites dans les nuages
très loin de moi, ma belle.

Französischer Text: Françoise Cactus

2 3 4 5 6 7 8
11 12 13 14 15 16
20 21 22 23 24

Leise rieselt der Schnee

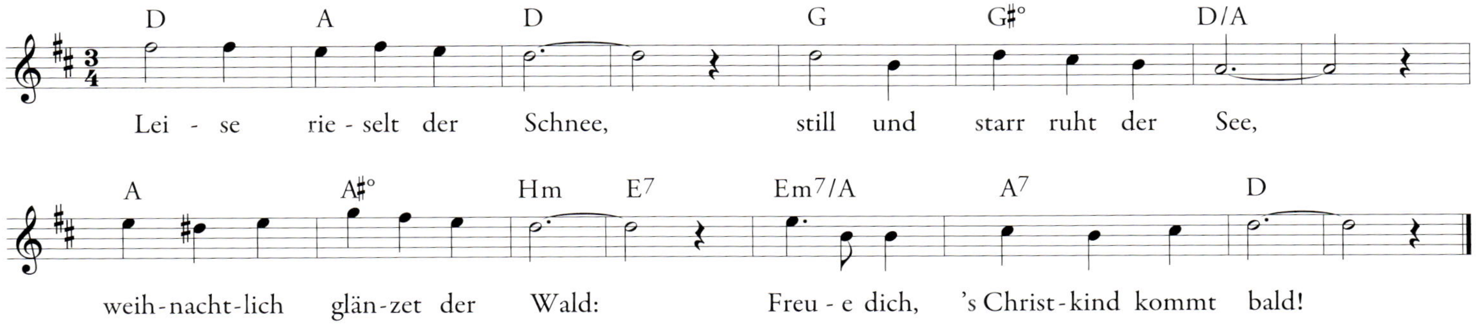

In den Herzen ist's warm,
still schweigt Kummer und Harm.
Sorge des Lebens verhallt:
Freue dich, 's Christkind kommt bald!

Bald ist heilige Nacht,
Chor der Engel erwacht,
hört nur, wie lieblich es schallt:
Freue dich, 's Christkind kommt bald!

9

ABC, die Katz lief in den Schnee

A B C, das Schaf lief in den Schnee,
und als es dann nach Hause kam,
da hatt' es weiße Stiefel an.
Ojemine, ojemine,
oje, oje, oje.

A B C, die Maus lief in den Schnee,
und als sie dann nach Hause kam,
da hatt' sie weiße Stiefel an.
Ojemine, ojemine,
oje, oje, oje.

1 2 3 4 5 6 7 8
9 10 11 12 13 14 15 16
18 19 20 21 22 23 24

10 Macht hoch die Tür

Er ist gerecht, ein Helfer wert,
Sanftmütigkeit ist sein Gefährt,
sein Königskron ist Heiligkeit,
sein Zepter ist Barmherzigkeit.
All unsre Not zum End er bringt,
derhalben jauchzt, mit Freuden singt:
„Gelobet sei mein Gott,
mein Heiland groß von Tat!“

O wohl dem Land, o wohl der Stadt,
so diesen König bei sich hat!
Wohl allen Herzen insgemein,
da dieser König ziehet ein!
Er ist die rechte Freudensonn,
bringt mit sich lauter Freud und Wonn:
„Gelobet sei mein Gott,
mein Tröster früh und spat!“

1 2 3 4 5 6 7 8
9 10 11 12 13 14 15 16
17 18 19 20 21 22 23 24

11 O Tannenbaum

O Tannenbaum, o Tannenbaum,
du kannst mir sehr gefallen!
Wie oft hat nicht zur Weihnachtszeit,
ein Baum von dir mich hoch erfreut.
O Tannenbaum, o Tannenbaum,
du kannst mir sehr gefallen!

O Tannenbaum, o Tannenbaum,
dein Kleid will mich was lehren:
Die Hoffnung und Beständigkeit
gibt Treu und Kraft zu jeder Zeit.
O Tannenbaum, o Tannenbaum,
dein Kleid will mich was lehren.

12 Am Weihnachtsbaume

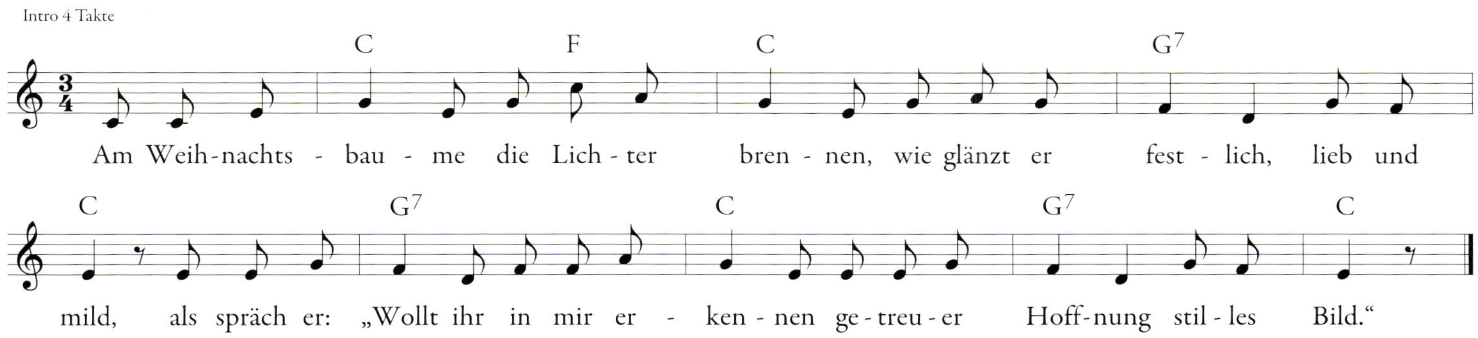

Die Kinder stehen mit hellen Blicken,
das Auge lacht, es lacht das Herz.
O fröhlich seliges Entzücken!
Die Alten schauen himmelwärts.

Am Weihnachtsbaume, da hängt ne Pflaume.
Wer hat die Pflaume da hingehängt?
Das war mein Bruder, das olle Luder,
der hat die Pflaume da hingehängt.

Mehl
Weihnachts

13 Susani

Kommt ohne Instrumente nicht!
Eia, eia, susani, susani, susani.
Bringt Lauten, Harfen, Geigen mit,
halleluja, halleluja!
Von Jesus singt und Maria.

Das Lautenspiel muss lauten süß,
eia, eia, susani, susani, susani.
Davon das Kindlein schlafen muss,
halleluja, halleluja!
Von Jesus singt und Maria.

Singt Fried' den Menschen weit und breit,
eia, eia, susani, susani, susani.
Gott Preis und Ehr in Ewigkeit,
halleluja, halleluja!
Von Jesus singt und Maria.

Mehl
Weihnachtskram

14 Auf dem Berge, da wehet der Wind

Mehl
Weihnachtskram

15 # Süßer die Glocken nie klingen

Und wenn die Glocken dann klingen,
schnell sie das Christkind dann hört,
tut sich vom Himmel dann schwingen,
eilet hernieder zur Erd.
Segnet den Vater, die Mutter, das Kind,
segnet den Vater, die Mutter, das Kind.
Glocken mit heiligem Klang,
klingen die Erde entlang!

Klinget mit lieblichem Schalle
über die Meere noch weit,
dass sich erfreuen doch alle
seliger Weihnachtszeit!
Alle dann jauchzen mit frohem Gesang,
alle dann jauchzen mit frohem Gesang:
Glocken mit heiligem Klang,
klingen die Erde entlang!

Milch
Mehl

16 Kommet, ihr Hirten

Lasset uns sehen in Bethlehems Stall,
was uns verheißet der himmlische Schall!
Was wir dort finden, lasset uns künden,
lasset uns preisen in frommen Weisen:
Halleluja!

Wahrlich, die Engel verkündigen heut
Bethlehems Hirtenvolk gar große Freud.
Nun soll es werden Friede auf Erden,
den Menschen allen ein Wohlgefallen:
Ehre sei Gott!

1 2 3 4 5 6
9 10 11
14

17 Gloria

Hirten, warum wird gesungen?
Sagt mir doch eures Jubels Grund.
Welch ein Sieg ward denn errungen,
den uns die Chöre machen kund?
Gloria in excelsis deo ...

Sie verkünden uns mit Schalle,
dass der Erlöser nun erschien.
Dankbar singen sie heute alle
an diesem Fest und grüßen ihn:
Gloria in excelsis deo ...

Weihnachtskram

18 Zu Bethlehem geboren

In seine Lieb versenken
will ich mich ganz hinab.
Mein Herz will ich ihm schenken
und alles, was ich hab.
Eja, eja, und alles, was ich hab.

O Kindelein, von Herzen
will ich dich lieben sehr,
in Freuden und in Schmerzen,
je länger mehr und mehr.
Eja, eja, je länger mehr und mehr.

Zucker
MILCH
Mehl
LUFTPOST

19 Ihr Kinderlein kommet

Da liegt es, das Kindlein, auf Heu und auf Stroh,
Maria und Joseph betrachten es froh.
Die redlichen Hirten knien betend davor,
hoch oben schwebt jubelnd der Engelein Chor.

O beugt wie die Hirten anbetend die Knie,
erhebet die Hände und danket wie sie.
Stimmt freudig, ihr Kinder –
wer sollt sich nicht freun? –
stimmt freudig zum Jubel der Engel mit ein!

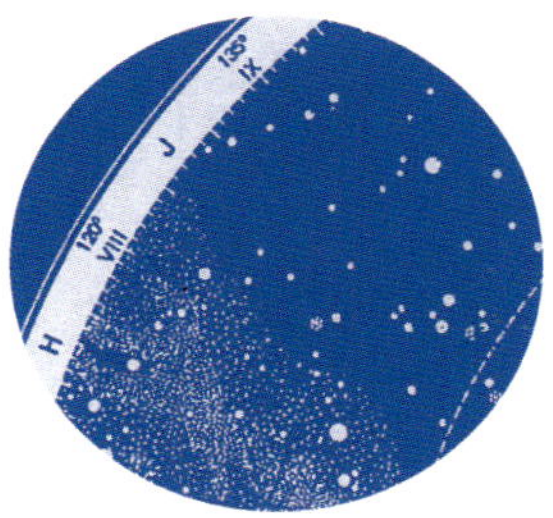

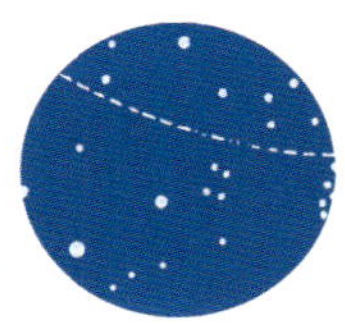

Milch
Mehl
achtskram

20 Alle Jahre wieder

Steht auch mir zur Seite
still und unerkannt,
dass es treu mich leite
an der lieben Hand.

Lalala …

21 Wenn Weihnachten ist

TRÄUM
SCHÖN

22 Schlaf wohl, du Himmelsknabe

Maria hat mit Mutterlieb
dich warmweich zugedeckt.
Und Joseph hält den Hauch zurück,
dass er dich nicht erweckt.
Die Schäflein, die im Stalle sind,
verstummen vor dir Himmelskind.
Schlafe, schlafe, Himmelssöhnchen, schlafe.

TRÄUM SCHÖN
Weihnachtskram

23

Stille Nacht

Stille Nacht, heilige Nacht!
Hirten erst kundgemacht,
durch der Engel Halleluja
tönt es laut von fern und nah:
Christ der Retter ist da!
Christ der Retter ist da!

Stille Nacht, heilige Nacht!
Gottes Sohn, o wie lacht
lieb aus deinem göttlichen Mund,
da uns schlägt die rettende Stund,
Christ, in deiner Geburt!
Christ, in deiner Geburt!

O du fröhliche

24 O du fröhliche

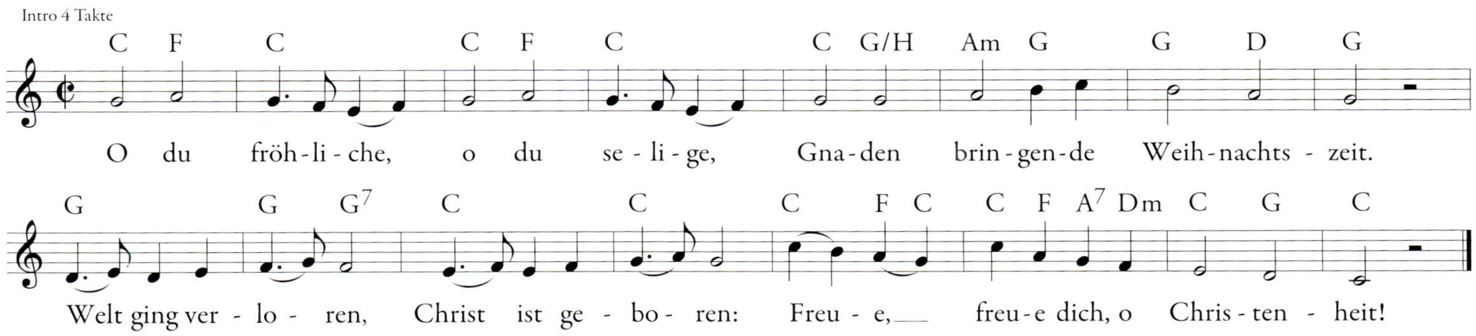

O du fröhliche, o du selige,
Gnaden bringende Weihnachtszeit.
Christ ist erschienen, uns zu versühnen:
Freue, freue dich, o Christenheit!

O du fröhliche, o du selige,
Gnaden bringende Weihnachtszeit.
Himmlische Heere, jauchzen dir Ehre:
Freue, freue dich, o Christenheit!

Musik und Gesang

Dieses Buch und diese CD konnten nur entstehen, weil so viele Leute uns mit Leib, Seele, starken Stimmbändern und genauso starken Nerven unterstützten.

Darum ein Riesendank an …

Moritz, der zum zweiten Mal immer noch gut gelaunt aus Berlin anrückte …
Hauke, der den „Chefkopfhörer“ manchmal auch teilte …
Sadia, die den Winterliedern Sonne gab …
Lili für ihren großartigen Sanges-, Hüpf- und Energieeinsatz (keiner konnte die Texte so gut wie du!) …
Vanessa, die einem angegilbten Text eine tolle Verjüngungskur zukommen ließ …
Thomas, der sich so ungeheuer sensibel in seine Rolle einfühlte …
Françoise, die trotz leichten Katers die charmanteste Maus Berlins war (und ist!) und noch dazu so toll Kazou spielen kann …
Susanne und Katharina für das gekonnte Erklimmen der gewagtesten Höhen und für wunderbare Chorlinien …
Joana, die das anrührendste freche Eichhörnchen der Welt ist – und für uns einen Riesensatz machte! …
Nikolai und dessen liebevolle Begeisterung …
Dörte, die das sphärische Element einbrachte …
Valentin und sein energisches Zusammenrufen der Hirten …
Martin für den schönen Bass und den vielen Spaß (danke fürs Kommen!) …
Tonio, der beim Singen mitten aus dem Leben schöpfen konnte …
Rosa, ohne die der Kinderchor nicht vollständig gewesen wäre …
Andreas, der doch noch mitmachte (und wie!) …
Herrn Krohn, gegen den jeder andere Weihnachtsmann ein Chorknabe wäre …
Siggi für ihre phänomenalen Pfeifkünste (wir sagen nur: Brandenburgische Konzerte!) …
Lucy und ihr rasantes Flötensolo …
Jörg für die großartige Zusammenarbeit bei den Arrangements und sein inspirierendes Klavierspiel …
Sven für sein ausdauerndes Keksdosen-, Percussion- und Schlagzeugspiel …
Sebastian für das solide Tenorhorn und die virtuose Posaune …
Andreas und sein mitreißendes Gitarrenspiel.

Zusätzlich geht ein Extradank an …

Gerhild und Hartmut Kacirek für die Bereitstellung des Weihnachtsklaviers …
Ruth Koppe, die uns den Studio-Weihnachtsbaum zukommen ließ …
Erika Biermann, alle anderen freundlichen Babysitter und – last but not least! –
Baby Bob, der ruhiger und friedlicher als das Christkind selbst war …

Laura Bartels für meisterhafte Bildbearbeitung und
den Berlin Verlag für sein Vertrauen in dieses Projekt.

Mitwirkende

Die Plätzchenbäckerin: Susanne Koppe
Der Briefträger: Moritz Gathmann
Der Trommlerjunge: Hauke Ellerbeck
Zwei Schäfchen: Lili Kacirek und Sadia Biermann
Das Teenagermädchen: Vanessa Stauber
Das Baritonkrokodil: Thomas Ruf
Die französische Maus: Françoise Cactus
Die Katze: Franziska Biermann
Die Schneedame: Susanne Biermann
Der Bär: Moritz Gathmann
Das Eichhörnchen: Joana Verbeek von Loewis
Mann mit Rotkehlchen: Nikolai Hille
Rotkehlchen (Pfeifen): Sigrid Schramm
Die Zwillingsfrauen: Katharina Stauber und Susanne Biermann
Rauschgoldengel: Dörte Benzner
Der Hirtenhund: Valentin Stauber
Engel mit Heiligenschein: Martin Koppe
Der Eselsvater: Tonio Lechner
Ein kleines Mädchen: Rosa von Stemm
Das Huhn: Sadia Biermann
Der Stier: Andreas Biermann
Der Weihnachtsmann: Georg Krohn

SCHLAGWERK, PERCUSSION, GLOCKENSPIEL:
Sven Kacirek
GITARRE: Andreas Einhorn
POSAUNE, TENORHORN: Sebastian Hoffmann
KAZOU: Françoise Cactus
BLOCKFLÖTE: Lucy Fleischhammel
AKKORDEON: Peter Möller
KLAVIER und CO-ARRANGEMENT: Jörg Hochapfel
ALLE ANDEREN INSTRUMENTE und SOUNDEFFEKTE:
Nils Kacirek
ARRANGEMENT und PRODUKTION:
Nils Kacirek

BEARBEITUNGEN DER LIEDER:
1, 2, 3, 4, 5, 6, 7, 10, 13, 14, 15, 19, 22, 24: Nils Kacirek
8, 9, 11, 12, 16, 17, 18, 21, 23: Nils Kacirek, Jörg Hochapfel
20: Nils Kacirek, Jörg Hochapfel, Andreas Einhorn

Franziska Biermann, Nils Kacirek, Jörg Hochapfel

ZIRKUS

Ein Musikbilderbuch zum Gucken, Hören und Mitmachen

Vorhang auf, Manege frei und Tusch für das bewährte Team Franziska Biermann und Nils Kacirek, unterstützt von Jörg Hochapfel. In ihrem neuen Musikbilderbuch wird es bunt, gereimt und laut: Hier wird Zirkus veranstaltet, dass die Sägespäne fliegen und die Trommelstöcke glühen. In frechen Reimen führt ein Zirkusdirektor durch neun atemberaubende Nummern, begleitet von einer Musik, die auch den eingefleischtesten Zirkusmuffel ins gestreifte Zelt treibt!

ISBN 978-3-8270-5365-7
€ 16,90 [D] | € 17,40 [A]
Musikbilderbuch mit Audio-CD
und Basteltipps!

»Nach dem erfolgreichen Buch Am Weihnachtsbaume *taucht Franziska Biermann dieses Mal in die magische und aufregende Welt des Zirkus ein. Die CD eignet sich wunderbar, um mit Kindern eine richtige kleine Zirkusaufführung zu machen!«*
ESELSOHR

»Es gibt kaum Musik für Kinder, die so variantenreich und verschmitzt komponiert ist.«
1000 UND 1 BUCH

»Furioser Mix aus unbekümmert gereimtem Vorlesebuch und Spiel- und Bastelideen.«
STIFTUNG LESEN

1. Bald nun ist Weihnachtszeit
2. Vom Himmel hoch, da komm ich her
6. Kling, Glöckchen, klingelingeling
4. Lasst uns froh und munter sein
5. Morgen, Kinder, wird's was geben
3. Fröhliche Weihnacht
9. ABC, die Katz lief in den Schnee
11. O Tannenbaum
10. Macht hoch die Tür
8. Leise rieselt der Schnee
12. Am Weihnachtsbaume
7. Schneeflöckchen, Weißröckchen